欽定四庫全書

經部八

孟子解

四書類

提要

臣等謹案孟子解一卷宋蘇轍撰舊本首題潁濱遺老字乃其晚歲退居之號以陳振孫書録解題考之實少年作也凡二十四章一章謂聖人躬行仁義而利存非以為利二章謂文王之囿七十里乃山林藪澤與民共之

三章謂小大貴賤其命無不出于天故曰畏天樂天四章引責難陳善為恭敬解畜君為好君五章謂浩然之氣即子思之所謂誠六章論養氣在學而待其自至七章論知言由知其所以病八章以克己復禮解射者正己九章論貢之未善由先王草創之初尚立法未密十章論陳仲子之廉病在使天下之人無可同立之人十六章論孔子以微罪行為

上以免君下以免我十八章論事天立命十九章論順受其正二十二章論進銳退速二十四章論擴充仁義立義皆醇正不支二十章以周官八議駁竊負而逃二十三章以司馬懿楊堅得天下言但當論仁不仁不必論得失亦自有所見惟十一章謂學聖不如學道十二章十三章十四章以孔子之論性難孟子之論性十五章以智屬夷惠力屬孔子

十七章以貞而不亮難君子不亮二十一章以形色天性為強飾于外皆未免駁襍蓋瑕瑜互見之書也然較其晚年著述純入佛老者則謹嚴多矣乾隆四十二年八月恭校上

總纂官臣紀昀臣陸錫熊臣孫士毅

總校官臣陸費墀

欽定四庫全書

孟子解

宋 蘇轍 撰

梁惠王問利國於孟子孟子對曰王何必曰利亦有仁義而已矣先王之所以為其國未有非利也孟子則有為言之耳曰是不然聖人躬行仁義而利存非為利也惟不為利故利存小人以為不求則弗獲也故求利而民爭民爭則反以失之孫卿子曰君子兩得之者也小

人兩失之者也此之謂也
齊宣王問曰文王之囿方七十里有諸孟子對曰於傳
有之周雖大國未有以七十里為囿而不害於民者也
意者山林藪澤與民共之而以囿名焉是以芻蕘雉兔
者無不獲往不然七十之囿文王之所不為也
孟子曰以大事小者樂天者也以小事大者畏天者也
樂天者保天下畏天者保其國小大之相形貴賤之相
臨其命無不出於天者畏天者知其不可違不得已而

從之樂天者非有所畏非不得已中心誠樂而為之也

堯禪舜舜禪禹湯事葛文王事昆夷天也

齊景公作君臣相說之樂其詩曰畜君何尤孟子曰畜君者好君也君有逸德而能止之是謂畜君以臣畜君君之所尤也然其心則無罪非好其君不能也故曰責難於君謂之恭陳善閉邪謂之敬吾君不能謂之賊

孟子學於子思子思言聖人之道出於天下之所能行而孟子言天下之人皆可以行聖人之道子思言至誠

無敵於天下而孟子言不動心於浩然之氣誠之異名也誠之為言心之所謂誠然也心以為誠然則其行之也安是故心不動而其氣浩然無屈於天下此子思孟子之所以為師弟子也子思舉其端而言之故曰誠孟子從之其一論養心以致浩然之氣其次論心之所以不動其三論君子之所以達於義達於義所以不動心也不動心所以致浩然之氣也三者相須而不可廢

孟子曰我善養吾浩然之氣其為氣也至大至剛以直

養而無害則塞於天地之間是何氣也天下之人莫不有氣氣者心之發而已行道之人一朝之忿而鬬焉以忘其身是亦氣也方其鬬也不知其身之為小也不知天地之大禍福之可畏也然而是氣之不養者也不養之氣橫行於中則無所不為而不自知於是有進而為勇有退而為怯其進而為勇也非吾欲勇也不養之氣盛而莫禁也其退而為怯也非吾欲怯也不養之氣衰而不敢也孔子曰人之少也血氣未定戒之在色及其

壯也血氣方剛戒之在鬬及其老也血氣既衰戒之在得一人之身而氣三變之故孟子曰志一則動氣氣一則動志矣志意既修志盛奪氣則氣無能為而惟志之從志意不修氣盛奪志則志無能為而惟氣之聽故氣易致也而難在於養心孟子曰我四十不動心而告子先我不動心告子曰不得於言勿求於心不得於心勿求於氣不得於心勿求於氣可不得於言勿求於心不可何謂也告子以為有人於此不得之於其言勿復求

其有此心不得之於其心勿復求其有此氣夫言之不然而心則然者有矣未有心不然而氣則然者也故曰不得於心勿求於氣可不得於言勿求於心不可由是言之氣者心之使也心所欲為則其氣勃然而應之心所不欲而彊為之則其氣索然而不應人必先有是心也而後有是氣故君子養其義心以致其氣使氣於心相狎而不相雜然後臨事而其氣不屈故曰志至焉氣次焉志之所至而氣從之之謂也昔之君子以其眇然之身而臨天下言未

發而衆先喻功未見而志先信力不及而世與之者以有是氣而已故曰志氣之帥也氣體之充也養志以致氣盛氣以充體體充而物莫敢逆然後其氣塞於天地雖然心之所以不動者何也博學而識之彊力而行之卒然而遇之有自失焉故心必有所守而後能不動心之所守不可多也多學而兼守之事至有不應也是以落其枝葉損之又損以至於不可損也而後能應故孔子謂子貢曰賜也汝以予為多學而識之者歟曰然非歟曰非也予一以貫

之北宮黝之養勇也曰吾無辱於爾也孟施舍之養勇也曰吾無懼於爾也無辱勇矣而未見所以必勇也無懼而後能必勇故曰北宮黝之守氣不如孟施舍之守約北宮黝似子夏孟施舍似曾子曾子之所以自守者曰自反而不縮雖褐寬博吾不惴焉自反而縮雖千萬人吾往矣夫縮入也入受也自反而心受之以為可為者無憾於吾心也則吾心囂然為之而吾氣勃然應之矣孟子曰其為氣也配義與道無是餒也行有不慊於心則餒矣夫餒不充

之謂也有行於此而義不受則心不慊心不慊則氣不能充體氣不能充體之謂餒矣故心不能不動也而有待於義君子之所由達於義者何也勉彊而行之則勞苦而失其真放而不之求則終身而不獲孟子曰必有事焉而勿正心勿忘勿助長也夫君子之於道朝夕從事於其間待其自直而勿彊正也中心勿忘待其自生而勿助長也而後獲其真彊之而求其正助之而望其長是非誠直而誠長也迫於外也子夏曰百工居肆以成其事君子學以致

其道待其自至而不彊是學道之要也

孟子曰我知言詖辭知其所蔽淫辭知其所陷邪辭知其所離遁辭知其所窮何謂也曰是諸子之病也孟子之於諸子非辯過之知其病而已病於寒者得火而喜以為萬物莫火若也病於熱者得水而喜以為萬物莫水若也一惑於水火以為不可失矣誠得其病未有不覺而自泣也彼其為是險詖之辭者必有以蔽之而不能自達也為是淫放之辭者必有以陷之而不能自出

也為是邪辟之辭者必有以附之而不能自解也茍能知之發其蔽平其陷解其離未有不服者也不服則遁遁必有所窮要之於所窮而執之此孟子之所以服諸子也

孟子曰仁者如射射者正已而後發發而不中反求諸已夫射之中否在的而所以中否在我善射者治其在我正立而審操之的雖在左右上下無不中者矣顏淵問仁孔子曰克已復禮為仁一日克已復禮天下歸仁

焉請問其目曰非禮勿視非禮勿聽非禮勿言非禮勿動夫居於人上而一為非禮則害之及於物者衆矣誠必由禮雖不為仁而仁不可勝用也此仁者如射之謂也

龍子曰貢者較數歲之中以為常樂歲粒米狼戾多取之而不為虐則寡取之凶年糞其田而不足則必取盈焉故曰治地莫善於助莫不善於貢貢者夏后氏之法也而其不善如此何也曰何特貢也作法者必始於粗

終於精篆之不若隸也簡策之不若紙也車之不若騎也席之不若牀也俎豆之不若盤盂也諸侯之不若郡縣也肉刑之不若徒流杖笞也古之不為此非不智也勢未及也寢於泥塗者寘之於陸而安矣自陸而後有藁秸自藁秸而後有莞簟揞其不安而獲其所安足矣方其未有貢也以貢為善矣及其既助而後知貢之未善也法非聖人之所為世之所安也聖人善因世而已今世之所安聖人何易焉此夏之所以貢也

陳仲子處於於陵齊人以之為廉孟子曰仲子所居之室伯夷之所築歟抑亦盜跖之所築歟所食之粟伯夷之所種歟抑亦盜跖之所種歟人安能待伯夷而後居而後食若是則孟子之責人也已難曰否居於於陵而食其食非孟子之所謂不可而仲子之所謂不可也仲子以凡之祿為不義之祿而不食也以凡之室為不義之室而不居也天下無伯夷仲子之義為不居且不食也天下不可待伯夷而後居而後食然則非其居於於

陵食於辟纑之果汙也而不食於母避兄之室之不可繼也故曰以母則不食以妻則食之以兄之室則不居以於陵則居之是尚為能充其類也乎君子之行為可充也為可繼也然後行有類若仲子將何以繼之故曰禦人於國門之外而餽以道則受以不義取之於民而餽以道則受於孔子以不義取之於民者猶禦也其受於孔子何也曰以其非禦也非禦而謂之禦充類至義之盡也君子充其類而極其義則仲子之兄猶盜也

仲子之兄猶盜也則天下之人皆猶盜也以天下之人皆猶盜而無所合則誰與立乎天下故君子不受於盜而猶盜者有所不問而後可以立於世若仲子者蚓而後充其操也孔子曰鳥獸不可與同羣吾非斯人之徒與而誰與蓋謂是也

學者皆學聖人學聖人不如學道聖人之所是而吾是之其所非而吾非之是以貌從聖人也以貌從聖人名近而實非有不察焉故不如學道之必信孟子曰君子

深造之以道欲其自得之也自得之則居之安居之安則資之深資之深則取之左右逢其源故君子欲其自得之也

孟子曰天下之言性者則故而已矣所謂天下之言性者不知性者也不知性而言性是以言其故而已故非性也無所待之謂性有所因之謂故物起於外而性作以應之此豈所謂性哉性之所有事也性之所有事之謂故方其無事也無可而無不可及其有事未有不就

利而避害者也知就利而避害則性滅而故盛矣故曰
故者以利為本夫人之方無事也物未有以入之有性
而無物故可以謂之人之性及其有事則物入之矣或
利而誘之或害而止之而人失其性矣譬如水方其無
事事物未有以參之有水而無物故可以謂之水之性
及其有事則物之所參也或傾而下之或激而上之而
水失其性矣故曰所惡於智者為其鑿也如智者若禹
之行水則無惡於智矣禹之行水也行其所無事也如

智者亦行其所無事則智亦大矣水行於無事則平性行於無事則靜方其靜也非天下之至明無以窺之及其既動而見於外則天下之人能知之矣天之高也星辰之遠也吾將何以推之惟其有事於運行是以千歲之日至可坐而致也此性故淺深之辨也

孟子嘗知性矣曰天下之言性者則故而已矣故者以利為本知故之非性則孟子嘗知性矣然猶以故為性何也孟子以道性善曰無惻隱之心非人也無羞惡之

心非人也無辭讓之心非人也無是非之心非人也惻隱之心仁之端也羞惡之心義之端也辭讓之心禮之端也是非之心智之端也人信有是四端矣然而有惻隱之心而已乎蓋亦有忍人之心矣有羞惡之心而已乎蓋亦有無恥之心矣有辭讓之心而已乎蓋亦有爭奪之心矣有是非之心而已乎蓋亦有蔽惑之心矣忍人之心不仁之端也無恥之心不義之端也爭奪之心不禮之端也蔽惑之心不智之端也是八者未知其孰

為主也均出於性而已非性也性之所有事也今孟子則別之曰此四者性也彼四者非性也以告於人而欲其信之難矣夫性之於人也可得而知之不可得而言也遇物而後形應物而後動方其無物也性也及其有物則物之報也惟其與物相遇而物不能奪則行其所安而廢其所不安則謂之善與物相遇而物奪之則置其所可而從其所不可則謂之惡皆非性也性之所有事也譬如水火能下者水也能上者亦水也能熟物者

火也能焚物者亦火也天下之人好其能下而惡其能上利其能熟而害其能焚也而以能下能熟者謂之水火能上能焚者為非水火也可乎夫是四者非水火也水火之所有事也奈何或以為是或以為非哉孔子曰性相近也習相遠也夫雖堯舜而均有是性是謂近及其與物相遇而堯以為善桀以為惡是謂相遠習者性之所有事也自是而後相遠則善惡果非性也

孟子曰上智與下愚不移故有性善有性不善以堯為

父而有丹朱以瞽瞍為父而有舜以紂為君而有微子啓王子比干安在其為性相近也曰此非性也故也天下之水未有不可飲者也然而或以為清泠之淵或以為塗泥今將指塗泥而告人曰雖是亦有可飲之實信矣今將指塗泥而告人曰吾將飲之可乎此上智下愚之不可移也非性也故也

孟子曰伯夷聖之清者也伊尹聖之任者也柳下惠聖之和者也孔子聖之時者也孔子之謂集大成集大成

也者金聲而玉振之者也金聲也者始條理也玉振之也者終條理也始條理者智之事也終條理者聖之事也智譬則巧也聖譬則力也以巧喻智以力喻聖何也巧之所能有或不能力之所嘗至無不至也伯夷伊尹柳下惠之行人之一方也而以終身焉故有不可得而克至於孔子可以速而速可以久而久可以仕而仕可以處而處然後終身行之而不匱故曰由射於百步之外其至爾力也是可常也其中非爾力也是巧也是不

可常也巧亦能為一中矣然而時亦不中是不如力之必至也

語曰齊人饋女樂季桓子受之三日不朝孔子行孟子曰孔子從而祭膰肉不至不稅冕而行二者非相反也孔子之去魯為女樂之故也去於膰肉之不至為君也於其君之有大惡也孔子有不忍行焉於其君之無罪也孔子有不安行焉曰上以求免吾君下以免我是以去於膰肉之不至曰是可以辭於天下也故曰乃孔子

則欲以微罪行不欲為苟去君子之所為衆人固不識
也
孟子曰君子不亮惡乎執必信之謂亮孔子曰君子貞
而不亮要止於正而不必信而後無所執否則執一而
廢百矣
孟子曰存其心養其性所以事天也夭壽不貳修身以
俟之所以立命也天者莫之使而自然者也命者莫之
致而自至者也天畀我以是心而不能存付我以是性

而不能養是天之所以授我者有所不事也壽則為之夭則廢之夭壽非人之所為也而寘力焉是命有所未立也修身於此知夭壽之無可為也而命立於彼也孟子曰莫非命者順受其正何謂也天之所以授我者盡於是矣君子修其在我以全其在天人與天不相害焉而得之是故謂之正忠信孝弟所以為順也人道盡矣而有不幸而至於大故而後得為命巖墻之下是必壓之道也桎梏之中是必困之道也必壓必困而我蹈

之以受其禍是豈命哉吾所處者然也人之為不善也皆有愧恥不安之心小人惟奮而行之君子惟從而已之孟子曰無為其所不為無欲其所不欲如斯而已矣

孟子曰舜為天子臯陶為士瞽叟殺人臯陶則執之舜則竊負而逃於海濵吾以為此野人之言非君子之論也舜之事親烝烝乂不格姦何至殺人而負之以逃哉且天子之親有罪議之孰謂天子之父殺人而不免於死乎

孟子曰形色天性也惟聖人然後踐形形色者所彊於外也中雖無有而猶知彊之孟子以是為天性也

有人於此其進之鋭也則天下以為不速退矣是不然勉彊而力行則其進也必鋭不勝而怠厭之則其退也必速曷不取而覆觀之於其不可已而已者無所不已於其所厚者薄無所不薄也故曰仲子不義與之齊國而不受人皆信之是舍簞食豆羹之義也人莫大焉亡親戚君臣上下以其小者信其大者惡可哉亡親戚君

臣上下而可是所謂不可已而已者也能居於於陵食於辟纑而不顧而不能以不義不受齊國是所謂進銳而退速者也

孟子曰不仁而得國者有之矣不仁而得天下未之有也孟子之為是言也則未見司馬懿楊堅也不仁而得天下也何損於仁仁而不得天下也何益於不仁得國之與得天下也何以為異君子之所恃以勝不仁者上不愧乎天下不愧乎人而得失非吾之所知也

孟子曰人能充其無欲害人之心而仁不可勝用也人能充無穿窬之心而義不可勝用也無穿窬之心人皆有之然尚將充之則未可以言而言可以言而不言猶未免乎穿窬也此所謂造端乎夫婦而其至也察乎天地也歟

仿古版文淵閣四庫全書

經部 · 孟子解

編纂者◆（清）紀昀　永瑢等
董事長◆施嘉明
總編輯◆方鵬程
編印者◆本館四庫籌備小組
承製者◆博創印藝文化事業有限公司

出版發行：臺灣商務印書館股份有限公司
台北市重慶南路一段三十七號
電話：(02)2371-3712
讀者服務專線：0800056196
郵撥：0000165-1
網路書店：www.cptw.com.tw
E-mail：ecptw@cptw.com.tw
網址：www.cptw.com.tw

局版北市業字第 993 號
初版一刷：1986 年 5 月
二版一刷：2010 年 10 月
三版一刷：2012 年 10 月
定價：新台幣 900 元　A7620258

國立故宮博物院授權監製
臺灣商務印書館數位製作

ISBN 978-957-05-2783-4